Dieses Buch gehört:

Hier bitte
ein Foto
einkleben!

_____
Name

_____
Geburtstag

_____
Spezialgebiet

Unser besonderer Dank gilt den Schatzsuchern
Leni, Maja, Bent, Jannis und Lennart.

Außerdem danken wir Hans Hirling
für seine fachkundige Beratung.
Hans Hirling war über 30 Jahre
in der Kinder- und Jugendarbeit aktiv.

Alle Tipps und Informationen in diesem Buch
sind sorgfältig ausgewählt und geprüft.
Dennoch können weder Urheber noch Verlag
eine Garantie übernehmen. Eine Haftung für
Personen-, Sach- und Vermögensschäden
ist ausgeschlossen.

MIX
Papier aus verantwor-
tungsvollen Quellen
FSC® C020056
FSC
www.fsc.org

5 4 3 2 1   20 19 18 17 16
ISBN 978-3-649-66806-0
© 2016 Coppenrath Verlag GmbH & Co. KG,
Hafenweg 30, 48155 Münster, Germany
CH: Baumgartner Bücher AG, Centralweg 16, 8910 Affoltern a. A.
Alle Rechte vorbehalten, auch auszugsweise
Text: Brigitte Hoffmann
Illustrationen: Lena Hesse
Fotos: Lisa Blümel, Fotostudio Nawrath, Unna (alle Kinder),
www.shutterstock.com (alle Zettel sowie Kompass und Wald auf dem Cover),
Susanne Tommes (Pfeil auf dem Cover, Piratenflagge auf dem Nachsatzpapier)
Satz und Covergestaltung: Alexander Nuißl
Redaktion: Susanne Tommes
Printed in China

www.coppenrath.de

Brigitte Hoffmann

Achtung, fertig,
Schatzsuche!

10 spannende Rallyes in der Natur

Mit Illustrationen von Lena Hesse

COPPENRATH

Hallo, Abenteurer !

Raten, spielen, raufen, laufen — und am Ende einen Schatz finden! Dieses Buch zeigt dir, wie du zehn spannende Rallyes (sprich: „rällis") mit jeweils einem anderen Thema planen und veranstalten kannst. Was hältst du von einer Schatzsuche zu deiner nächsten Geburtstagsparty?

Damit deine Schatzsuche ein voller Erfolg wird, ist Folgendes wichtig:

▶ Lass dir von Anfang an von einem Erwachsenen helfen!

▶ Nur gemeinsam seid ihr stark: Einer von euch ist vielleicht ein besonders guter Läufer, eine liest gut, einer merkt sich am meisten, eine hat die tollsten Ideen. Jedes Kind kann etwas anderes gut und soll das auch zeigen dürfen. Verständigt euch über jede Aufgabe und löst sie gemeinsam. Jede Gruppe läuft vollzählig ins Ziel ein.

▶ Nur eine Gruppe kann Sieger sein, aber alle gewinnen. Egal wer schneller da war oder am meisten gewusst hat: Am Schluss wird zusammen gefeiert! Darum findest du hier zu jedem Thema auch Rezept-Ideen.

Los geht's! Viel Spaß!

Freunde, die zusammenhalten, finden jeden Schatz — garantiert! .

Inhaltsverzeichnis

weit
WEG

Tipps für die Planung

In diesem Buch findest du zu jeder Schatzsuche Tipps und Ideen. Überlege, was dir am besten gefällt. Wenn du magst, kannst du einzelne Vorschläge auch zu einer ganz anderen Schatzsuche kombinieren.

Entscheide dich gemeinsam mit dem erwachsenen Spielleiter für die Vorschläge, die am besten für dich, deine Freunde und auch für die großen Helfer umzusetzen sind.

Als Erstes erkundest du mit dem erwachsenen Spielleiter das Gelände, in dem die Rallye stattfinden soll. Dann wird geplant und vorbereitet. Ein paar Dinge müssen besorgt, der ein oder andere Zettel geschrieben und natürlich der Schatz sicher verpackt werden.

Zeitplan nicht vergessen!

▶ **Am Start:** Der erwachsene Spielleiter erklärt die Spielregeln. Dann liest er die Einleitung des Kapitels vor oder erfindet ein passendes Frage-Antwortspiel, das ins Thema einführt: ¼ Stunde. Achtung: Bei manchen Rallyes laufen mehrere Gruppen nacheinander los. Die letzte Gruppe startet dann bis zu einer ¾ Stunde später. Hier sollte der Startpunkt ein Spielplatz sein.

▶ **Unterwegs:** Wie viele Kilometer hat eure Strecke? Für 3 km braucht ein 8-jähriges Kind etwa 1 Stunde. Auch für den Aufenthalt an den einzelnen Stationen muss je nach Spiel Zeit eingerechnet werden: etwa ¼ Stunde.

▶ **Am Ziel:** Abschlussparty und Verabschiedung: 1 bis 1 ½ Stunden.

Hier siehst du ein Beispiel für eine Schatzsuche von 3 km Länge mit einer ¾ Stunde Vorsprung am Start für die erste Gruppe sowie 3 Stationen, Start und Ziel.

	Aktion	Stunden
Start	Spielregeln + Einleitung + Vorlauf	¼ + ¾ = 1
Station 1	Weg + Spiel	¼ + ¼ = ½
Station 2	Weg + Spiel	¼ + ¼ = ½
Station 3	Weg + Spiel	¼ + ¼ = ½
Ziel	Weg + Schatzsuche + Party	¼ + ¼ + 1 = 1 ½
Gesamt		4

Ausrüstung und Sicherheit

Um sicher und entspannt im Gelände unterwegs zu sein, braucht jedes Kind:

▶ **Kleidung:** warm genug, wetterfest und bequem, feste Wanderschuhe, lange Hose (gegen Zeckenbisse);

▶ **Proviant:** Wasserflasche (½ l), etwas zu essen (zum Beispiel Nüsse oder Weintrauben).

Außerdem sollte jede Gruppe Folgendes mitnehmen:

▶ **zur Orientierung:** Wanderkarte (Maßstab 1 : 25 000), Kompass, Notfall-Handy;

▶ **für kleine Verletzungen:** Desinfektionsspray, Pinzette, Pflaster, Verbandsmaterial, Zeckenzange.

Die Hinweise für die Schatzsuche und den Schatz verpackst du vorab in fest verschließbaren Metall- oder Plastikdosen mit Deckel, zum Beispiel Butterbrotdosen. So wird nichts nass oder von Tieren angeknabbert. Geeignete Verstecke findest du in Felsspalten, unter Steinen, in Baumhöhlen, auf Astgabeln, unter Bänken oder in Schutzhütten.

Deine erwachsenen Begleiter haben für alle teilnehmenden Kinder die Aufsichtspflicht!

▶ **Am Start:** Mindestens 15 Minuten früher da sein, damit kein Kind allein auf euch warten muss. Notfall-Handys überprüfen: Akkus aufgeladen? Nummern abgeglichen?

▶ **Unterwegs:** Mindestens 1 Erwachsener muss ständig erreichbar sein.

▶ **Am Ziel:** Erst dann nach Hause gehen, wenn das letzte Kind abgeholt worden ist!

Verhalten in der Natur

 Keine Baumschonungen betreten!

 Kein Feuer an ungeeigneten Stellen!

 Keine Pflanzen abreißen!

 Keinen Müll hinterlassen. Netze und Plastiktüten können Tiere töten!

 Keine Tierverstecke ausheben!

 Keine flüssigen Reste in Bäche und Flüsse schütten!

 Keine laute Musik!

SCHNITZELJAGD FÜR ECHTE SCOUTS

Man nennt sie Scouts oder Waldläufer. Sie sind Überlebenskünstler und erkunden die unbekannte, gefährliche Wildnis. In alten Zeiten bildeten sie als Späher die Vorhut für Eroberer, Entdecker oder Händler. Vor allem eines konnten sie wie kein anderer: Spuren lesen.

Wer kommt mit?

▶ 5 bis 10 Kinder
▶ 2 unterschiedlich große Gruppen
▶ 2 Erwachsene

Was wird gemacht?

Die erste Gruppe der „Scouts" (2 bis 4 Kinder) legt Pfadfinderzeichen. Die zweite Gruppe der „Entdecker" (3 bis 6 Kinder) muss sie finden.
▶ **Ein Such- und Geschicklichkeits-spiel!**

Wo findet die Rallye statt?

▶ Feld- und Waldwege mit Zäunen, Hecken und Bäumen am Rand
▶ Start: Spielplatz
▶ Weg: ca. 3 bis 5 km
▶ Ziel: Picknickplatz

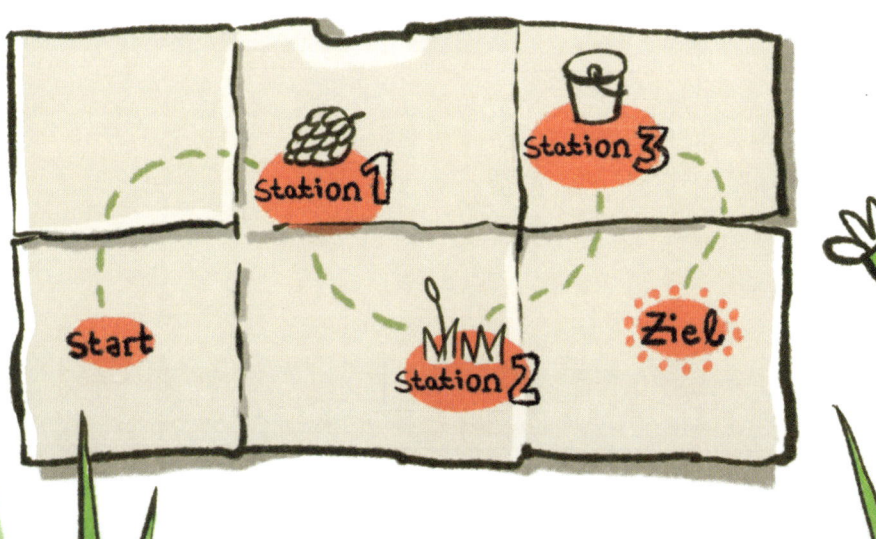

Du brauchst ...

- ▶ **für beide Gruppen:** Kopie der Pfadfinderzeichen;
- ▶ **für die Scout-Gruppe:** Wegbeschreibung auf Wanderkarten-Kopie mit Start- und Zielpunkt;
- ▶ **für unterwegs:** 3 Tannenzapfen, möglichst lange Gräser, Stöcke, 4 Butterbrotdosen, Eimer, mehrere kurze, dicke Stöckchen;
- ▶ **für die Schatzkiste:** wasserdichte Kiste mit Deckel (etwa Schuhkarton-größe), kleine Geschenke (zum Beispiel selbst bemalte Buttons mit Anstecknadeln als Waldläuferabzeichen);
- ▶ **für die Party:** Teller, Becher, Servietten;
- ▶ **erwachsene Helfer:** 2 Spielleiter/Begleiter (1 pro Gruppe).

Tipp: Manchmal verwischen Spaziergänger gelegte Spuren oder nehmen Dosen mit. Darum sollten immer 2, wenn möglich auch mehr erwachsene Helfer vor Ort sein.

Die Pfadfinderzeichen

 Folgt diesem Weg.

 Vorsicht! Echte Gefahr!

 Folgt diesem Weg und überquert das Hindernis.

 Briefbotschaft in 3 m Entfernung und in 2 m Höhe

 Kein Durchgang, falscher Weg!

Vorbereitung

▶ Wanderkarte kopieren, Stift einstecken;

▶ Gelände sichten: Start und Ziel festlegen, Weg in die Karte einzeichnen, Naturmaterialien (Tannenzapfen, Stöcke, Steine ...) suchen;

▶ Zeitplan erstellen, Einladungen schreiben, Pfadfinderzeichen 2 x kopieren;

▶ Spielanweisungen für 3 Stationen und das Ziel schreiben und jeweils in 1 nummerierten Briefumschlag stecken, Briefe auf die 4 Butterbrotdosen verteilen;

▶ kleine Geschenke besorgen und die Schatzkiste packen;

▶ am Vortag: Essen und Getränke vorbereiten, Handys aufladen.

Es geht los!

▶ **Start:** Mit einem Zeitvorsprung von 45 Minuten legen die Scouts an jeder Weggabelung ihre Spuren aus, verstecken die Briefbotschaften für die Spiele und am Ziel die Schatzkiste.

▶ **Station 1:** Briefbotschaft 1 finden und öffnen. Die Entdecker jonglieren mit mindestens 2 Tannenzapfen. Schafft es jemand auch mit 3 Tannenzapfen? Der Sieger darf den Briefumschlag 2 an der nächsten Station öffnen.

- **Station 2:** Briefbotschaft 2: Einen Zopf aus Gräsern flechten. Wem gelingt der schönste? Der Sieger darf den Briefumschlag 3 an der nächsten Station öffnen.
- **Station 3:** Briefbotschaft 3: Stöckchen in einen Eimer werfen. Wer trifft am häufigsten? Im Zweifel entscheidet ein Stechen. Der Sieger darf den Briefumschlag 4 am Ziel öffnen.
- **Ziel erreicht!** Briefbotschaft 4: Schatz finden. Du öffnest den Schatz und verteilst die Geschenke an alle Kinder.

Die Party

Zum Scout-Leben passt ein mittelalterlich anmutender Imbiss, der an alte Zeiten erinnert, als die Wälder noch wild und gefährlich waren.
- **Essen:** in Streifen geschnittene Möhren, kleine Gurken, Nüsse, Kräuterquark als Dip, Fladenbrote.
- **Trinken:** Apfelschorle, Malzbier.

TIERFORSCHER-RALLYE

Welche Tiere leben im Wald? Leider bekommst du Ameisen, Eichhörnchen, Füchse, Wildschweine, Spechte, Eulen, Rehe und Hirsche nur selten zu Gesicht. Aber du kannst ihre Spuren finden, zum Beispiel ein Stück Erde, das von Wildschweinen aufgewühlt worden ist, oder einen Eichhörnchen-Abfallhaufen mit vielen abgenagten Fichtenzapfen.

Wer kommt mit?

▶ 4 bis 12 Kinder
▶ 2 gleich große Gruppen
▶ 2 bis 3 Erwachsene

Wo findet die Rallye statt?

▶ Waldgebiet
▶ 2 Startpunkte
▶ Weg A und B: jeweils 3 km
▶ Ziel: Grillplatz in der Mitte

Was wird gemacht?

Die „Adler" und die „Wölfe" (jeweils 2 bis 6 Kinder) laufen getrennt, aber beide Gruppen müssen dieselben Spiele schaffen und dieselben Quizfragen beantworten. Die letzte Aufgabe löst ihr gemeinsam.

▶ **Ein Quiz-, Wahrnehmungs- und Bewegungsspiel!**

Du brauchst...

▶ **für die Adler:** Wanderkarten-Kopie mit markiertem Weg A;

▶ **für die Wölfe:** gleiche Kopie mit markiertem Weg B;

▶ **für unterwegs:** jeweils 3 Briefumschläge mit gleichen Spielanleitungen und Quizfragen, aber mit verschiedenen Weg-Hinweisen;

▶ **für die Schatzkiste:** wasserdichte Kiste mit Deckel, kleine Geschenke für alle (zum Beispiel Waldtiere aus Holz oder Kunststoff, Tiersticker);

▶ **für die Party:** Teller, Becher, Servietten, kleinen Campingkocher mit Gaskartusche, Streichhölzer, Bratpfanne, Öl, Pfannenwender, Schüssel, Isolierflaschen;

▶ **erwachsene Helfer:** 2 Spielleiter/Begleiter (1 pro Gruppe), evtl. noch 1 Koch am Ziel.

Vorbereitung

▶ Karte 2 x kopieren, Stift und Stoppuhr einstecken;

▶ Gelände sichten: 1 Ziel, 1 x Station 3, 2 Startpunkte und jeweils 2 x Station 1 und 2 festlegen und entsprechend in die Karten A und B einzeichnen, markante Gelände-Erkennungszeichen für jede Station und das Ziel notieren, Zeit für beide Wege stoppen, sie müssen gleich lang sein;

▶ 2 x 3 Spielanleitungen und 3 Quizfragen tippen, markante Erkennungs-zeichen (Weg-Hinweise) auf je 1 Extrazettel notieren, 6 Briefumschläge nummerieren: 1A bis 3A und 1B bis 3B und jeweils die passenden Zettel hineinlegen;

▶ Geschenke besorgen, Schatzkiste packen;

▶ am Vortag: Essen vorbereiten, Hindernisparcours an Station 3 einrichten (auf einem Baumstamm balancieren, über einen Baumstumpf springen, auf einen Ast klettern, einen Handstand gegen einen Stamm machen ...);

▶ einige Stunden vorher: Schatz verstecken!

Es geht los!

▶ **Start A und B:** Die Spielleiter erklären die Spielregeln und führen „ihre" Gruppe jeweils zu „ihrer" Station 1.

▶ **Station 1:** Der Spielleiter öffnet Briefumschlag 1.
  • Spiel: Jedes Kind muss ein anderes Tiergeräusch nachahmen.
  • Quizfrage: Ist das Reh die Frau vom Hirsch?
    a) Ja.
    b) Nein, es sind zwei verschiedene Tierarten.
    c) Nein, die beiden sind geschieden.
    (Lösung: Antwort: b)
  • Der Spielleiter liest den Hinweis auf Station 2 vor.

- ▶ **Station 2:** Der Spielleiter öffnet Briefumschlag 2.
  - Spiel: Alle lauschen wie die Nachttiere. Wer hört was?
  - Quizfrage: Warum können Eulen ihren Kopf fast ganz herumdrehen (¾-Kreis)?
    - a) Weil sie 14 Halswirbel besitzen, doppelt so viele wie wir.
    - b) Weil sie sehr elastische Bandscheiben haben.
    - c) Weil sie Zombies sind.

    (Lösung: Antwort a)
  - Der Spielleiter liest den Hinweis auf Station 3 vor.
- ▶ **Station 3:** Der Spielleiter öffnet Briefumschlag 3.
  - Spiel: Hindernisse wie auf einer Ameisenstraße überwinden.

  - Quizfrage: Warum können Ameisen so gut in einer Reihe laufen?
    - a) Sie verständigen sich über Funk.
    - b) Sie bleiben immer in Sichtkontakt.
    - c) Sie erschnuppern Duftstoffe am Hinterleib ihrer Vorgängerin.

    (Lösung: Antwort c)

Hier sammeln sich Adler und Wölfe. Ein Spielleiter liest den Hinweis auf den Schatz vor.
- ▶ **Ziel erreicht!** Du öffnest den Schatz und verteilst die Geschenke an alle Kinder.

Die Party

- ▶ **Essen:** Blaubeerpfannkuchen (Teig aus 1 kg Mehl, 8 Eiern, 1,2 l Milch).
- ▶ **Trinken:** heißer oder kalter Kakao.

COWBOYS UND INDIANER

Indianer sind die Ureinwohner Amerikas. Viele Indianerstämme lebten vom Fleisch und Fell der Büffel, die durch die Prärie zogen. Vor etwa 150 Jahren wanderten Abenteurer, Siedler und Kriminelle aus Europa nach Nordamerika ein. Sie töteten die Büffel und zerstörten den Lebensraum der Tiere. Die Indianer wehrten sich mit Überraschungsangriffen auf die Fremden.

Wer kommt mit?

- 4 bis 12 Kinder
- 2 gleich große Gruppen
- 2 Erwachsene

Wo findet die Rallye statt?

- bewaldetes Gelände mit sich kreuzenden Spazierwegen
- Start: Wegkreuzung
- Weg A und B: 1,5 bis 3 km, Weg A ist länger!
- Ziel: Grillplatz

Was wird gemacht?

Die „Cowboys" tragen eine verschlossene Schatzkiste bei sich, die sie zu einem sicheren Versteck (Ziel) bringen wollen. Der Weg dorthin ist in Karte A eingezeichnet. Die „Indianer" (Weg B) wollen Kiste und Karte rauben und überfallen die Cowboys an Kreuzungspunkt 1. Gewinnen die Indianer, versuchen die Cowboys an Kreuzungspunkt 2, Kiste und Karte zurückzuerobern.
- **Ein Kampf- und Strategiespiel!**

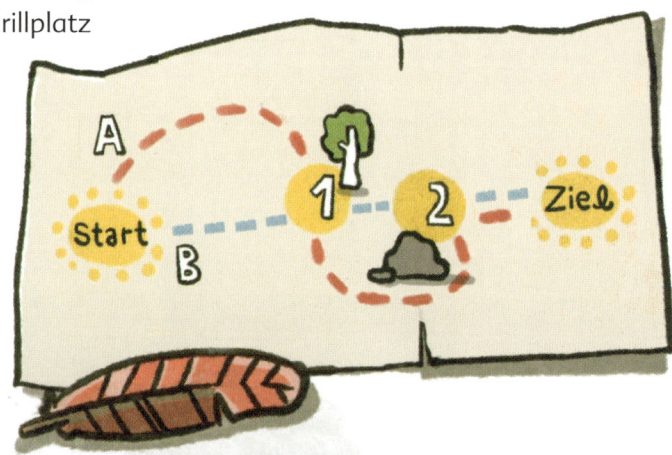

Spielregeln für den Überfall

Am Start bindet sich jedes Kind einen Wollfaden locker um den linken
Oberarm. Die Indianer überfallen die Cowboys, indem sie versuchen, die
Wollfäden der Cowboys zu rauben. Die Cowboys verteidigen sich, indem sie
versuchen, die Wollfäden der Indianer zu ergattern.

Das Spiel ist aus, sobald eine Gruppe alle Wollfäden der gegnerischen Gruppe an sich genommen hat — spätestens aber nach 5 Minuten, dann pfeift
der Spielleiter den Kampf ab. Die Gruppe mit den meisten Wollfäden behält
bzw. bekommt Kiste und Karte. Bei Gleichstand entscheidet ein Wettkampf
im Armdrücken der beiden stärksten Gruppenmitglieder. An Kreuzungspunkt 2 findet ein weiterer Kampf statt.

Du brauchst...

- ▶ **für die Cowboys:** blaue Wollfäden, Karte A, evtl. 1 Cowboyhut;
- ▶ **für die Indianer:** rote Wollfäden, evtl. 1 Indianerschmuck;
- ▶ **für unterwegs:** Trillerpfeife und Stoppuhr;
- ▶ **für die Schatzkiste:** wasserdichte Kiste mit Deckel und Geschenken für alle (zum Beispiel Baumwoll-Armbändchen, Mini-Traumfänger, Tattoos), Kette mit Vorhängeschloss und Schlüssel oder dicke Schnur, evtl. Bollerwagen als Transportkutsche;
- ▶ **für die Party:** Teller, Becher, Servietten, Löffel, Campingkocher, Kochtopf;
- ▶ **erwachsene Helfer:** 1 Spielleiter/Schiedsrichter, 1 Begleiter. Sie erhalten jeweils 1 Karte B, um die jeweiligen Eroberer zum richtigen Angriffspunkt zu führen.

Vorbereitung

- ▶ Wanderkarte des Geländes 3 x kopieren, Stifte (rot und blau) einstecken;
- ▶ Gelände sichten: Startpunkt, Ziel und 2 Wegkreuzungen für Überfälle (mit Büschen zum Verstecken) festlegen. Weg A in 1 Kartenkopie einzeichnen, Weg B mit den 2 Überfallpunkten identisch in die 2 anderen Kartenkopien einzeichnen;
- ▶ rote und blaue Wollfäden zurechtschneiden, 2 zusätzlich als Ersatz anfertigen und einpacken;
- ▶ kleine Geschenke besorgen, Schatzkiste packen, verschließen, Schlüssel dem Spielleiter übergeben;
- ▶ am Vortag: Essen vorkochen.

Dahinten sind sie!
Alles klarmachen
zum Überfall!

Es geht los!

▸ **Start:** Der erwachsene Spielleiter erklärt die Spielregeln und übergibt den Cowboys die Schatzkarte (Weg A). Die Erwachsenen bekommen jeweils 1 Eroberer-Karte (Weg B) und begleiten je 1 Gruppe. Der Spielleiter bekommt Trillerpfeife und Stoppuhr. Er ist Schiedsrichter beim Kampfspiel.
▸ **Kreuzung 1:** Überfall! Die Indianer lauern den Cowboys auf. Die Sieger behalten oder bekommen Cowboyhut, Kiste und Karte.
▸ **Kreuzung 2:** Noch ein Überfall! Die Verlierer des 1. Kampfes lauern den Siegern des 1. Kampfes auf. Die Gruppe, die jetzt gewinnt, darf die Kiste ohne weiteren Überfall zum Ziel tragen.
▸ **Ziel erreicht!** Du öffnest den Schatz und verteilst die Geschenke an alle Kinder. Viel Spaß!

Die Party

▸ **Essen:** Ein Eintopf aus Mais, Tomaten, roten Bohnen und Kartoffeln wird auf dem Campingkocher warm gemacht, dazu Baguette.
▸ **Trinken:** Limonade.

EXPEDITION IN DIE DUNKELHEIT

Wenn die Sterne am Nachthimmel funkeln, erscheint auf der Erde alles grau. Nur Häuser und Baumkronen heben sich schwarz gegen das fahle Mondlicht ab. Fuchsaugen leuchten gespenstisch im Unterholz. Eine Schatzsuche im Dunkeln ist ein ganz besonderer Nervenkitzel!

Wer kommt mit?

▸ 2 bis 8 Kinder
▸ 1 Gruppe
▸ 1 bis 2 Erwachsene

Was wird gemacht?

Ein Erwachsener leitet diese Nacht-rallye mündlich. Ihr bleibt zusam-men und handelt gemeinsam!

▸ **Ein Orientierungs-, Quiz-, Verfolger- und Schattenspiel!**

Wo findet die Rallye statt?

▸ dichtes Waldstück mit Lichtung, ohne Beleuchtung
▸ Start: Waldrand
▸ Weg: 1,5 bis 2,5 km
▸ Ziel: Picknickplatz im Wald

Du brauchst...

- ▶ **für die Gruppe:** 1 funktionierende Taschenlampe pro Person und 2 als Ersatz, Ersatzbatterien, Kompass;
- ▶ **für unterwegs:** 1 Butterbrotdose, 1 Zettel mit Quizfragen, Glow-in-the-Dark-Sticker, 1 weißes Bettlaken (kein Spannbetttuch);
- ▶ **für die Schatzkiste:** wasserdichte Kiste mit Deckel, kleine Geschenke (zum Beispiel Glow-in-the-Dark-Sterne, -Flummis oder -Sticker);
- ▶ **für die Party:** Teller, Becher, Servietten, Salatschüssel aus durchsichtigem Kunststoff;
- ▶ **erwachsene Helfer:** 1 Spielleiter, 1 Helfer am Ziel.

Vorbereitung

- ▶ Stift und Notizzettel einstecken;
- ▶ Gelände sichten: Startpunkt, Ziel und Stationen festlegen: 1 Lichtung, 1 markanten Felsen oder Ähnliches, 1 auffälligen Baum mit Picknickplatz in der Nähe. Der Spielleiter notiert alles genau, um die Stationen nachts leicht wiederzufinden.
- ▶ 3 Quizfragen tippen und in die Butterbrotdose legen, Glow-in-the-Dark-Sticker daraufkleben;
- ▶ kleine Geschenke besorgen, Schatzkiste packen;
- ▶ Picknick vorbereiten;
- ▶ einige Stunden vor Beginn: Butterbrotdose an Station 2, Schatzkiste am Ziel verstecken, Bettlaken aufhängen!

Es geht los!

▶ **Start:** Der Spielleiter verteilt die Taschenlampen (Funktionstest!) und führt euch zur Lichtung.

▶ **Station 1:** Sucht das Sternbild „Großer Wagen". Verlängert die gedachte Linie zwischen den hinteren beiden Kastensternen und findet so die Spitze der Deichsel des „Kleinen Wagens". Dort liegt der Polarstern. Er steht immer genau im Norden. Die nächste Station liegt in Himmelsrichtung ... Sucht dort den Felsen, der aussieht wie ... Bei zu dicht bewölktem Himmel: Kompass benutzen.

▶ **Station 2:** Findet mit Taschenlampen die Quizfragen-Dose!

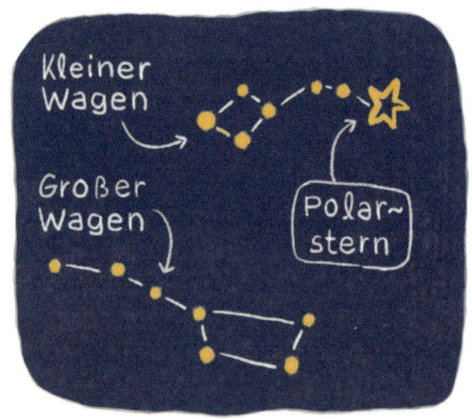

- Quizfrage 1: Wie entstehen die Mondphasen?
  a) Der Mond ist aus Käse und schmilzt jeden Monat.
  b) Die Sonne wirft ihren Schatten auf den Mond.
  c) Die Erde wirft ihren Schatten auf den Mond.
  (Lösung: Antwort c)
- Quizfrage 2: Warum leuchten Katzenaugen im Dunkeln?
  a) Sie haben Taschenlampen im Gehirn.
  b) Sie haben eine reflektierende Schicht im hinteren Augapfel.
  c) Glühwürmchen tanzen vor ihren Augen.
  (Lösung: Antwort b)

- Quizfrage 3: Heulen Wölfe den Mond an?
  a) Ja, er ist ihnen zu hell.
  b) Nein, sie heulen die Sterne an.
  c) Nein, sie heulen, um sich zu verständigen.
  (Lösung: Antwort c)

▶ **Station 3:** Taschenlampen löschen: Folgt den „Mundgeräuschen" des Spielleiters — mal ist er rechts zu hören, mal links. Wenn der Spielleiter „Stopp" sagt: Taschenlampen anknipsen, Schatzkiste suchen und zum gespannten Bettlaken bringen!

▶ **Ziel erreicht!** Sobald alle beim Bettlaken angekommen sind, öffnest du die Schatzkiste für alle und verteilst die Geschenke. Dann spielt ihr Schattentheater, indem ihr euch abwechselnd hinter das Tuch stellt und der Spielleiter eure Hände von hinten anleuchtet.

Die Party

▶ **Essen:** Schinken- und Käsebrote.
▶ **Trinken:** alkoholfreie Früchtebowle (aus Saft und Obststückchen) in der Salatschüssel mit den Taschenlampen durchleuchten, vor Ort prickelnde Limonade oder Mineralwasser untermischen.

VORSICHT, SCHMUGGLER!

In Notzeiten schlägt die Stunde der Schmuggler. Sie bringen verbotene Ware heimlich über Landesgrenzen und sind dabei äußerst erfinderisch: Goldmünzen im Kuchen, Geldscheine in Schokoladenhasen, Kaffee in Koffern mit doppeltem Boden. Aber die Grenzgänger leben gefährlich: Zöllnertrupps sind ihnen immer dicht auf den Fersen!

Wer kommt mit?

▸ 4 bis 12 Kinder
▸ 2 gleich große Gruppen
▸ 2 Erwachsene

Wo findet die Rallye statt?

▸ Ausflugsgebiet mit großer Wiese und Versteckmöglichkeiten
▸ Start: Spielplatz
▸ Weg: 3 bis 5 km
▸ Ziel: Picknickplatz

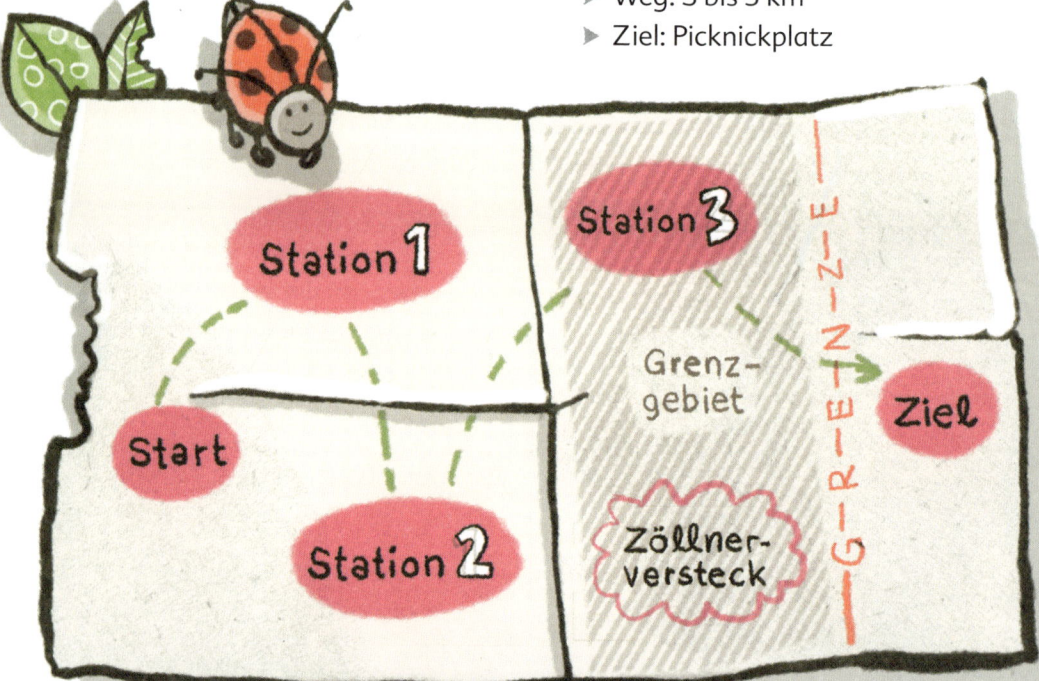

Was wird gemacht?

Die „Zöllner" bekommen eine Karte des Geländes. Sie gehen mit dem Spielleiter vor, legen einen „Schmugglerpfad" mit Pfadfinderzeichen (Seite 13) und lauern den „Schmugglern" vor der „Grenze" auf. Die „Schmuggler" folgen dem Schmugglerpfad mit einer Tasche, in der sich eine verschlossene Kiste („Ware") befindet. Kurz vor der Grenze lauern die Zöllner den Schmugglern auf, um ihnen die Ware abzujagen. Umgekehrt versuchen die Schmuggler, den Zöllnern die Karte abzujagen. Denn: Nur mit der Karte findet man hinter der Grenze den versteckten Schlüssel zur Kiste!

▶ **Ein Such-, Geschicklichkeits- und Fangspiel!**

Spielregeln für den Grenzkampf

Am Start stecken sich Schmuggler und Zöllner „Lebensbänder" hinten in den Hosenbund. Die Zöllner überfallen die Schmuggler, indem sie versuchen, die Lebensbänder der Schmuggler zu rauben. Die Schmuggler verteidigen sich, indem sie versuchen, die Lebensbänder der Zöllner zu erbeuten.

Das Spiel ist aus, wenn eine Gruppe alle Lebensbänder der gegnerischen Gruppe an sich genommen hat — spätestens aber nach 5 Minuten, dann pfeift der Spielleiter den Kampf ab. Die Gruppe mit den meisten Lebensbändern bekommt Karte und Ware. Bei Gleichstand entscheidet ein Stechen, zum Beispiel mit einem Tannenzapfen-Weitwurf.

Das Spiel kann vorzeitig beendet werden, wenn es ein Schmuggler schafft, mit seinem Lebensband auf die andere Seite der Grenze zu gelangen, was die Zöllner natürlich verhindern wollen. Dann hat der Schmuggler die Ware für seine Gruppe gesichert — aber nicht die Karte! So geht das Spiel „unentschieden" aus und die Gruppen müssen gemeinsam weitermachen.

Du brauchst...

- ▶ **für die Zöllner:** blaue Stoffstreifen, Wegbeschreibung auf Wanderkarten-Kopie mit Start- und Zielpunkt, Polizeimütze für den Kartenträger, Liste mit Pfadfinderzeichen;
- ▶ **für die Schmuggler:** rote Stoffstreifen, Gangster-Schirmmütze für den Träger der Ware, Henkeltasche als Ware, Liste mit Pfadfinderzeichen;
- ▶ **für unterwegs:** Kiesel, Stöcke, lange Gräser für Pfadfinderzeichen, 3 50-Cent-Münzen;
- ▶ **für die Schatzkiste:** wasserdichte Kiste, kleine Geschenke (zum Beispiel Schokotaler in Goldpapier), Kette mit Schloss, Schlüssel;
- ▶ **für die Party:** Teller, Becher, Servietten;
- ▶ **erwachsene Helfer:** 2 Spielleiter/Begleiter/Schiedsrichter (1 pro Gruppe).

Vorbereitung

Hab dich! Wo ist die Schmuggelware?

- ▶ Wanderkarte 1 x kopieren, Stift einstecken;
- ▶ Gelände sichten: Startpunkt, 3 Stationen, Grenze hinter der Wiese und Ziel (= Schlüsselversteck) in die Karte einzeichnen;
- ▶ Mützen, Henkeltasche, Münzen, Lebensbänder besorgen, Liste mit Pfadfinderzeichen 2 x kopieren;
- ▶ kleine Geschenke besorgen, Schatzkiste packen, verschließen, in die Henkeltasche packen;
- ▶ am Vortag: Essen vorbereiten;
- ▶ einige Stunden vor Beginn: Schlüssel am Ziel verstecken, davor Grenzlinie legen (zum Beispiel aus Stöcken, Tannenzapfen oder Steinen).

Es geht los!

▶ **Start:** Der Spielleiter erklärt die Spielregeln, übergibt den Zöllnern die Karte und jeder Gruppe 1 Liste mit Pfadfinderzeichen. Die Zöllner starten (Vorlauf: 45 Minuten), legen Pfadfinderzeichen, kennzeichnen die Stationen und verstecken sich vor der Grenze im Grenzgebiet. Die Schmuggler bekommen die Ware und folgen den Pfadfinderzeichen.

▶ **Station 1:** Der Begleiter der Schmuggler wirft unbemerkt die 50-Cent-Münzen ins Gras: Die Schmuggler haben einen Teil der Ware verloren und müssen die Münzen wiederfinden.

▶ **Station 2:** Die Schmuggler haben Angst, entdeckt zu werden. Darum bewegen sie sich über eine bestimmte Strecke hockend und im Gänsemarsch vorwärts. Dabei geben sie die Tasche über ihre Köpfe vom hintersten Mitspieler bis zum vordersten weiter.

▶ **Station 3/Grenzgebiet:** Die Zöllner stürmen die Wiese, sobald sie die Schmuggler am anderen Ende auftauchen sehen.

▶ **Ziel:** Der Schlüssel wird gesucht und die Schatzkiste geöffnet. Du verteilst die Geschenke an alle.

Die Party

▶ **Essen:** Schokomuffins mit eingebackener 50-Cent-„Goldmünze". Die Münze muss vor dem Backen in Alufolie gewickelt werden. Vorsichtig essen!

▶ **Trinken:** Saft.

AHOI, BACHPIRATEN!

Die berühmtesten Seeräuber segelten vor 300 Jahren auf dem Atlantischen und Indischen Ozean. Damals wurden täglich sagenhafte Schätze aus Amerika, Indien und China nach Europa gebracht. Die Piraten überfielen die Schiffe, weil sie auf schnellen Reichtum hofften. Das Leben auf See war gefährlich und gab so manches Rätsel auf. Viele Piraten fürchteten sich vor Seeungeheuern und Zauberkräften.

Wer kommt mit?

▶ 4 bis 12 Kinder
▶ 2 bis 3 gleich große Gruppen
▶ 2 bis 3 Erwachsene

Wo findet die Rallye statt?

▶ Bach, für Kinder gefahrlos zu durchqueren
▶ Weg: etwa 2 km
▶ Ziel: Picknickplatz

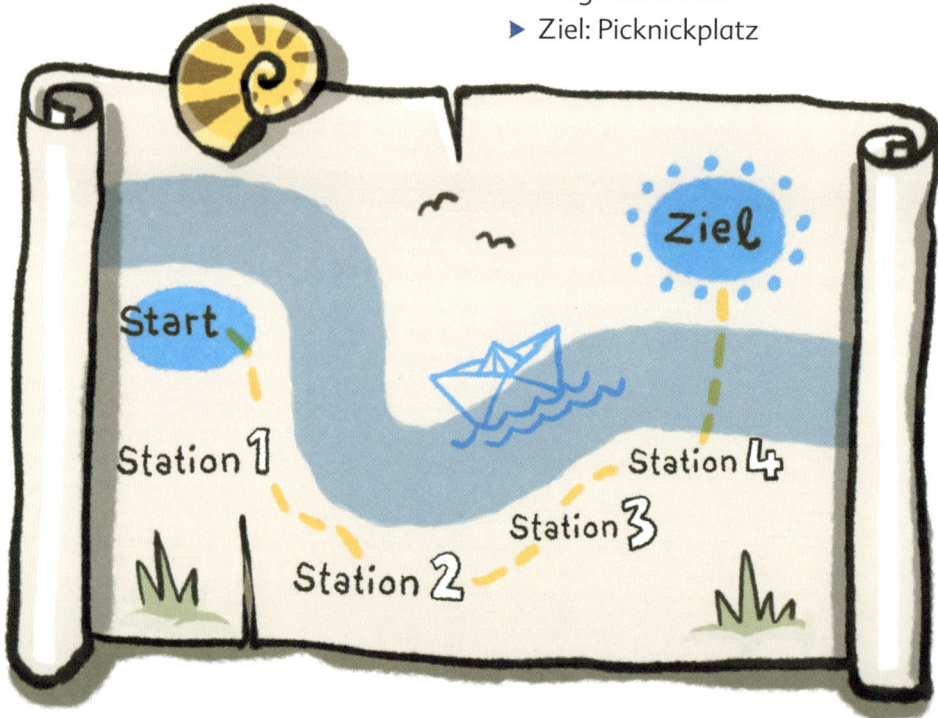

Start

Ziel

Station 1

Station 2

Station 3

Station 4

VORSICHT!
Echter SCHATZ!

ZIEL erreicht!

Was wird gemacht?

Am Bach müsst ihr knifflige Piratenaufgaben lösen. Der Schatz wird geöffnet, wenn alle Rätsel geknackt sind.

▶ **Ein Geschicklichkeits- und Ratespiel für den Sommer.
Es kann nass werden!**

Du brauchst…

▶ **für jede Gruppe:** Schatzkarte, Gras
und Faden für Voodoo-Püppchen;
▶ **für unterwegs:** 4 Zettel mit Anweisungen, 4 Butterbrotdosen, Grasbüschel, Faden, Schere, Borkenstücke, Stöckchen, Handbohrer, Blätter, Wasserpistole, Kerze, Feuerzeug, Gummibärchen, einen dicken Ast oder ein schmales Brett, der/das von einem Bachufer bis zum anderen reicht;
▶ **für die Schatzkiste:** wasserdichte Kiste mit Deckel, kleine Geschenke für alle (zum Beispiel Augenklappen, Totenkopf-Tattoos, Schokotaler in Goldpapier);
▶ **für die Party:** Rucksäcke mit Wechselklamotten, Teller, Becher, Gabeln, Servietten;
▶ **erwachsene Helfer:** 1 Spielleiter/Begleiter, 2 Begleiter, alle 3 als Piraten verkleidet.

Vorbereitung

▶ Gelände sichten: Bietet das Ufer genug Halt für die Füße, ist es nicht zu rutschig? Werden keine Brutvögel gestört? Werden keine Pflanzen zertreten? Startpunkt, Stationen und Ziel festlegen, Grasbüschel, Borkenstücke sowie Stöcke sammeln und bereitlegen;

▶ Schatzkarte zeichnen, für jede Gruppe kopieren, Kopien in Klarsichtfolien stecken, 4 Spielanleitungen tippen und mit den Spielutensilien in die Butterbrotdosen packen, 1 Voodoo-Püppchen für jede Gruppe basteln;

▶ kleine Geschenke besorgen, Schatzkiste packen;

▶ am Vortag: Essen vorbereiten;

▶ einige Stunden vor Beginn: Ast oder Brett als Balancier-Brücke über den Bach legen; Butterbrotdosen und Schatz verstecken!

Achtung: Der Ast darf nur über feste Uferböschungen gelegt werden, die nicht abrutschen können!

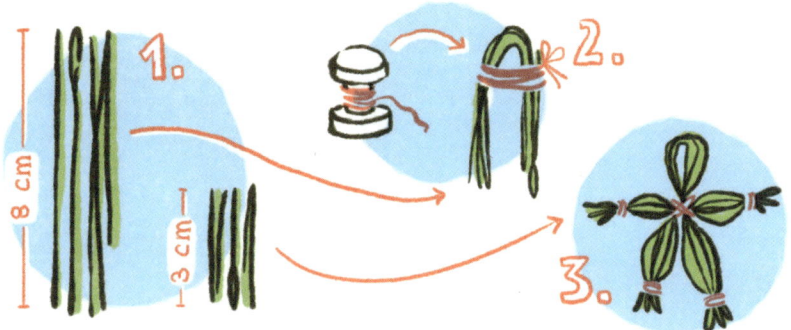

Voodoo-Puppe

Es geht los!

▶ **Start:** Der Spielleiter erklärt die Regeln und gibt jeder Gruppe eine Schatzkarte und ein Voodoo-Püppchen. Die erste Gruppe startet mit ihrem erwachsenen Begleiter zur ersten Station „Schiffsbau". Der Spielleiter schickt die nächste Gruppe mit Begleiter los (Abstand jeweils: 10 bis 20 Minuten) und begleitet schließlich seine eigene Gruppe.

▶ **Station 1, Schiffswerft:** Eure Voodoo-Puppe ist verflucht! Bastelt ein Borkenschiffchen und setzt damit das Püppchen im Bach aus. Dann schwimmt der Fluch mit ihr davon.

▶ **Station 2, Schießstand:** Reingelegt! Der Voodoo-Fluch ist immer noch tödlich! Erbeutet ein Gegengift, indem ihr eine brennende Kerze mit einer Wasserpistole löscht. Das Gegengift ist ein Gummibärchen, verabreicht vom jeweiligen erwachsenen Begleiter (Pirat), der auch die Kerze anzündet.

- **Station 3, Krabbenwettlauf:** Veranstaltet einen Wettlauf innerhalb der Gruppe. Aber: nicht vorwärts, sondern seitlich wie die Krabben und mit dem Bauch nach oben (!) auf allen vieren. Wer gewinnt, darf die nächste Rätseldose öffnen.
- **Station 4, Hafen:** Nur noch das große Wasser trennt euch vom Piratenschatz. Um ans andere Ufer zu gelangen, müsst ihr über die Planke gehen — aber zum Glück nicht mit verbundenen Augen wie in alten Zeiten!
- **Ziel erreicht!** Sobald alle Gruppen am Ziel sind, sucht ihr den Schatz, du öffnest die Schatzkiste und verteilst die Geschenke an alle Kinder.

Legt alle Spielanleitungen nach dem Lesen in ihre Dosen zurück und die Dosen wieder in ihr Versteck.

Ganz schön wackelig auf dem krummen Ast!

Die Party

- **Essen:** Mini-Salamis, Käsestückchen am Spieß, große feste Obststücke (zum Beispiel Ananas, Melone, Mango oder Apfelsine), die jeder auf die Gabel spießen kann.
- **Trinken:** Saft.

In der Steinzeit hatten die Menschen noch keine Werkzeuge aus Metall. Alles, was sie zum Leben brauchten, stellten sie aus Steinen, Tierknochen, Leder, Holz und Gräsern her. Sie übernachteten in Holzhütten oder Höhlen, sammelten Früchte und folgten den Herdentieren, die sie jagten. Stell dir vor: Die allermeisten deiner Vorfahren lebten in der Steinzeit! Sie dauerte 40-mal so lang wie die Zeit danach.

Wer kommt mit?

- ▶ 4 bis 10 Kinder
- ▶ 1 Gruppe
- ▶ 2 Erwachsene

Wo findet die Rallye statt?

- ▶ Gelände mit Schutzhütte und Felsen in Kinderhöhe
- ▶ Weg: etwa 2 km
- ▶ Ziel: Grillplatz

Was wird gemacht?

Ein selbst gebasteltes Mammut am Stock „läuft" voran (der Spielleiter trägt es). Ihr Steinzeit-Kinder folgt ihm. Unterwegs warten spannende Herausforderungen auf euch. Am Ende dürft ihr das Mammut fangen. Es hält eine Überraschung bereit.
- ▶ **Ein Bastel- und Geschicklichkeitsspiel!**

Du brauchst...

▶ **für den Spielleiter:** ein selbst gebasteltes Mammut am Stock;

▶ **für unterwegs:**
- große Baumwolltaschen oder Jutesäcke (Baumarkt oder Gartencenter), möglichst für alle Kinder, Schere, Leder- oder Baumwollbänder (50 cm) für alle Kinder, dünne Paketkordel;
- 1 Kiesel und 4 Steine (so groß wie eine Kinderfaust);
- Stöckchen (20 cm) für alle Kinder, Felswand (oder großen Pappkarton), Holzscheite und selbst gebasteltes Feuerbohr-Set, Zunder aus dem Outdoorladen (oder dünne trockene Ästchen, zerknüllte Zeitung), Feuerzeug;
- 2 dicke Stöcke (1 m), Schaumstoff, Paketklebeband;

▶ **für die Schatzkiste:** wasserdichte Kiste mit Deckel, kleine Geschenke für alle (zum Beispiel kleine Halbedelsteine, Fell-Imitat-Stückchen, Mini-Mammut aus Holz oder Kunststoff, Flummis, die wie Steine aussehen);

▶ **für die Party:** Teller, Becher, Servietten, angespitzte Haselnusszweige (120 cm lang, 1 bis 1,5 cm dick) für alle Kinder;

▶ **erwachsene Helfer:** 1 Spielleiter, 1 Begleiter.

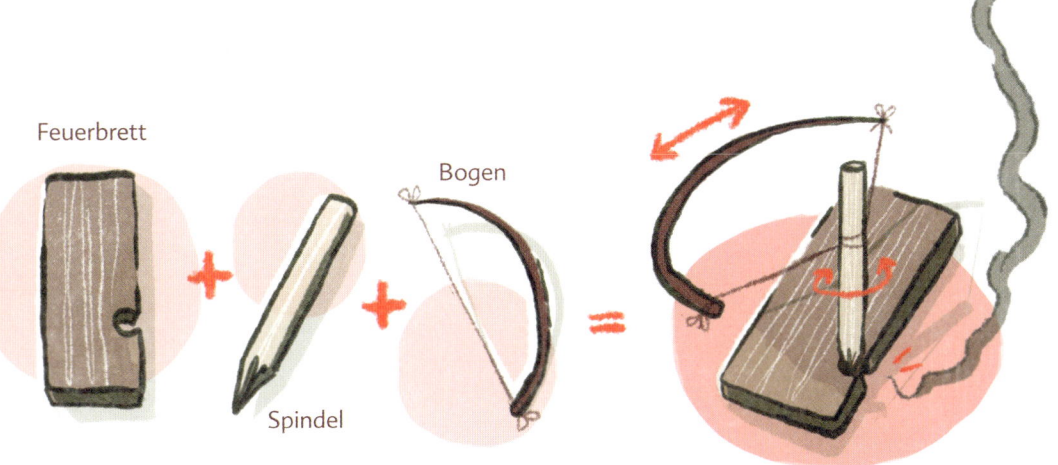

Feuerbrett

Bogen

Spindel

Vorbereitung

▶ Gelände sichten: Startpunkt mit Schutzhütte, Station auf dem Weg und Ziel mit Felswand und Feuerstelle festlegen;

▶ Mammut am Stock basteln;

▶ aus den dicken Stöcken, dem Schaumstoff und dem Klebeband 2 gut gepolsterte Keulen anfertigen;

▶ alle Sachen für unterwegs besorgen und einpacken;

▶ kleine Geschenke einkaufen, Schatzkiste packen;

▶ am Vortag: Essen vorbereiten.

Karton

Klebe-band

Stock

Es geht los!

▶ **Start:** Bastelt euch ein Steinzeitkostüm aus einem Jutebeutel!

• Den Halsausschnitt aus dem unteren, geschlossenen Rand der Tasche oder des Sacks schneiden.

• Die Armausschnitte an den Seiten links und rechts vom Halsausschnitt ausschneiden.

• Zum Schluss sucht sich jedes Kind ein Fundstück in der Natur, wickelt die Paketkordel drum herum und knotet sie an das Lederband. Fertig ist die Talismankette!

▶ **Station 1:** Ein Spiel für bis zu 4 Kinder gleichzeitig. Zieht eine Linie über einen Spazierweg und werft einen Kiesel — und die faustgroßen Steine hinterher. Wer mit seinem Stein dem Kiesel am nächsten kommt, hat gewonnen und wirft als Nächster den Kiesel. 3 Durchgänge pro Gruppe.

▶ **Station 2:** Jeweils 2 Kinder versuchen, sich gegenseitig mit einer Keule von einem Baumstumpf zu stoßen.

▶ **Ziel erreicht!** Entzündet ein Lagerfeuer mit dem Feuerbrett oder dem Feuerzeug.

- „Jagdzauber": Die Spitzen der Stöckchen in der Glut verkohlen lassen und mit diesen „Kohlestiften" Mammutbilder an die Felswand (oder auf den Pappkarton) malen.
- Jetzt könnt ihr das Mammut am Stock (und damit den Spielleiter) fangen. Er gibt den Schatz und das Partyessen heraus.

Die Party

▶ **Essen:** frische Beeren mit Honig und gerösteten Haselnüssen, Wurst am Stock, über dem Lagerfeuer gebraten.

▶ **Trinken:** Wasser.

Eins steht fest:
Wir kriegen das Mammut!

In alten Zeiten gab es noch keine Ärzte und Apotheken, wie du sie heute kennst. Die Menschen versuchten, ihre Krankheiten selbst zu kurieren, oder baten Heilkundige in der Nachbarschaft um Hilfe. Diese Kräuterfrauen und -männer kannten viele Medizinpflanzen aus der Natur. Ihr geheimnisvolles Wissen wurde bewundert, aber auch gefürchtet. Man erzählte sich Geschichten von „bösen Hexen" und „Hexenmeistern", die zaubern konnten und Gemeinheiten ausheckten, um anderen zu schaden.

Wer kommt mit?

▶ 4 bis 12 Kinder
▶ 2 gleich große Gruppen
▶ 2 bis 3 Erwachsene

Wo findet die Rallye statt?

▶ Waldgebiet
▶ Start: Spazierweg, 200 m von einer Schutzhütte entfernt
▶ Weg: 2 bis 3 km, Rundweg
▶ Ziel: Schutzhütte

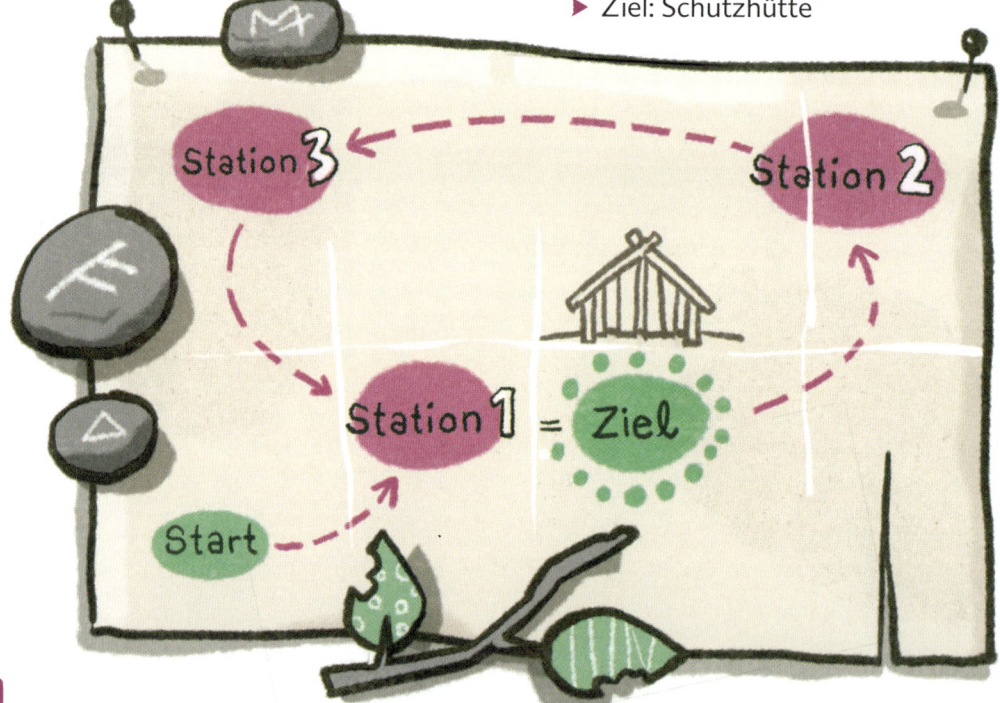

Was wird gemacht?

2 Gruppen treten gegeneinander an, um knifflige Hexenaufgaben zu lösen. Am Ende sind alle wieder da, wo sie am Anfang losgelaufen sind, und erleben wundersame Dinge.
▶ **Ein geheimnisvolles Bastel-, Rate-, Such- und Experimentierspiel!**

Du brauchst...

▶ **für unterwegs:** 3 Butterbrotdosen, viele Kieselsteine, 10 kleine Rabenbilder auf Pappe, wasserfesten Filzstift, Anstreicherklebeband, 4 Briefumschläge, Kugelschreiber, außerdem:
  • für den Startpunkt: 2 Stöcke (60 cm), Zweige vom Waldboden (50 cm), 2 Rollen Paketkordel, 2 Bastelscheren, 2 Steine (etwa so groß wie eine Kinderfaust);
  • für Station 1: Foto oder Zeichnung eines Raben auf einem DIN-A4-Blatt; selbstklebende Laminier-Folie;
  • für Station 2: 2 große wasserdichte Schatzdosen mit Deckel, 2 Ketten mit Schlössern und Schlüsseln, 1 leere Ketchup-Flasche ohne (!) Deckel, 1 kleine Flasche Spülmittel, giftgrüne Lebensmittelfarbe, 3 Beutel Brausepulver, 1 Wasserflasche (1 ½ l), 1 Esslöffel, 1 Stock (40 cm);
  • für Station 3: milde „lose" Tees (zum Beispiel Zitronenmelisse, Minze, Früchtetee), 1 Gefriertütchen pro Teesorte, Honig;
▶ **für das Ziel (= Station 1)/die Party:** 1 großen Kochtopf, 1 Stock, 3 bis 4 Isolierkannen mit heißem Wasser, Teebecher für alle, mehrere Teesiebe, Suppenteller, Esslöffel für alle;
▶ **erwachsene Helfer:** 1 Spielleiter, 1 bis 2 Begleiter, alle als Hexen verkleidet.

Vorbereitung

▶ Gelände sichten: Startpunkt, Ziel (= Station 1) und 2 weitere Stationen festlegen;

▶ für den Start: Material besorgen bzw. im Wald suchen;

▶ für Station 1: DIN-A4-Rabenbild laminieren, zu einem Puzzle zerschneiden und in Butterbrotdose 1 legen;

▶ für Station 2: Sachen auf die Schatzdosen verteilen, die Dosen mit Ketten verschließen, der Spielleiter nimmt die Schlüssel an sich;

▶ für Station 3: Tees in Gefrierbeuteln auf die Butterbrotdosen 2 und 3 verteilen;

▶ am Vortag: Essen vorbereiten;

▶ 1 ½ Stunden vor Beginn: Isolierkannen mit heißem Wasser füllen;

▶ 1 Stunde vor Beginn: Der Spielleiter bereitet den Rundweg vor.

  • Vom Start zur Station 1: Spur aus Kieselsteinen legen, Butterbrotdose 1 (Puzzle) in die Schutzhütte legen;

  • von Station 1 zu Station 2: Rabenbilder mit Klebeband an Ästen befestigen, mit dem Filzstift Pfeile als Wegweiser und Stationsnummern auf den Bildern notieren;

  • an Station 2: Anleitung „Experiment Hexenkessel" (siehe Seite 45) 2 x abschreiben, in die Schatzdosen legen, die Schatzdosen verstecken, 2 Suchanweisungen schreiben und in 2 Briefumschläge stecken und beschriften: „Station 2/Gruppe 1", „Station 2/Gruppe 2";

- von Station 2 zu Station 3: Rabenbilder als Wegweiser verteilen, mit dem Filzstift Pfeile als Wegweiser und Stationsnummern auf den Bildern notieren;
- an Station 3: Butterbrotdosen 2 und 3 (mit Tees) verstecken, 2 Suchanweisungen schreiben, in 2 Briefumschläge stecken und beschriften: „Station 3/Gruppe 1", „Station 3/Gruppe 2";
- von Station 3 zum Ziel: eine Kieselstein-Spur legen.

Drudenfuß

Es geht los!

Der Spielleiter übergibt den Gruppen die Briefumschläge für unterwegs.

▶ **Start: Hexenbesen**
- 2 Besen basteln: Zweige zu einem Bündel fassen, Stock in die Mitte stecken, mit Kordel breit (!) umwickeln, festbinden.
- Spiel: Einen Drudenfuß (ein mittelalterliches Zauberzeichen gegen böse Geister) auf den Boden zeichnen/kratzen, 2 Startlinien in gleicher Entfernung (10 m), aber entgegengesetzter Richtung festlegen. 1 Spieler pro Gruppe versucht, 1 Stein in den Stern zu fegen. Wessen Stein zuerst in der Mitte des Drudenfußes landet, gewinnt. Seine Gruppe darf zuerst den Kieselsteinen folgen, nach 15 Minuten folgt die andere Gruppe.

Klar, auf einem Hexenbesen kann man auch reiten!

▶ **Station 1: Hexentiere**
- Rätsel 1: Würmer und Schnecken lass ich mir schmecken. Dunkel und nass, ich liebe das. Welches Hexentier bin ich? (Lösung: Kröte) Wenn das Rätsel gelöst ist, Hinweis des Begleiters: Tretet ein ins Hexenhaus! (Schutzhütte)
- Rätsel 2: Löst das Puzzle im Hexenhaus! (Lösung: Rabe) Wenn das Rätsel gelöst ist, Hinweis des Begleiters: Folgt den Raben!

▶ **Station 2, Hexenschatz:** Briefumschläge öffnen, Schatzdosen suchen und mitnehmen, weiter den Rabenbildern folgen.

▶ **Station 3, Kräuterversteck:** Briefumschläge öffnen, Butterbrotdosen 2 und 3 (mit Tees) suchen und mitnehmen, wie am Anfang: den Kieselsteinen folgen.

▶ **Ziel erreicht!** Sobald alle angekommen sind, Schatzdosen öffnen, Anleitung „Experiment Hexenkessel" vorlesen und Experiment durchführen.

Experiment Hexenkessel

- ▶ Die leere Ketchup-Flasche zu einem Drittel mit Spülmittel füllen.
- ▶ 2 Esslöffel Lebensmittelfarbe zugeben.
- ▶ Flasche bis zur Hälfte mit Wasser auffüllen. Flüssigkeit mit einem dünnen Stock umrühren.
- ▶ Flasche mitten in den Topf stellen.
- ▶ Laub, Tannenzapfen und Zweige um die Flasche herumlegen.
- ▶ Die Brause in die Flasche streuen und kräftig umrühren: Eine grüne Hexenbrühe sprudelt hervor (Kohlendioxid-Schaum).

Die Party

- ▶ **Trinken:** Hexenmedizin! Jedes Kind stellt sich seinen eigenen Kräutermix in einem Teesieb zusammen. Mit heißem Wasser auffüllen. Wer mag, gibt etwas Saft oder Honig dazu.
- ▶ **Essen:** Vollkornbrot mit „Hexenkräuter"-Dips, zum Beispiel aus 200 g Frischkäse und 1 Päckchen Tiefkühl-Schnittlauch. Oder: kleine Hexenhäuser für alle! Einfach jeweils 3 Butterkekse mit Zuckerguss zu einem Häuschen verkleben und mit Schokolinsen und Gummibärchen (das sind die Bewohner) verzieren.

Detektive „beschatten" Verdächtige. Sie müssen ihrer „Zielperson" auf Schritt und Tritt folgen, ohne selbst gesehen zu werden. Nur so können sie Hinweise zum rätselhaften Leben der Zielperson sammeln und gleichzeitig einen Angriff vermeiden — vor allem wenn die Zielperson ein Schwerverbrecher ist! Trickreiche Detektive machen sich unsichtbar, indem sie sich zum Beispiel als alte Dame verkleiden oder hinter Mülltonnen verstecken.

Wer kommt mit?

- ▶ 4 bis 12 Kinder
- ▶ 2 bis 4 Gruppen
- ▶ 6 Erwachsene

Wo findet die Rallye statt?

- ▶ Wald mit vielen Versteckmöglichkeiten
- ▶ Start: Spielplatz
- ▶ Weglänge: 3 bis 4 km
- ▶ Ziel: Grillplatz

Was wird gemacht?

Knarren-Horst und Kippen-Willi raubten vor Jahren zusammen eine Bank aus. Während Willi verhaftet wurde, floh Horst mit der Beute in den Wald und vergrub sie dort. Horst legte Spuren für Willi, damit der ihn und den Schatz nach seiner Entlassung aus dem Gefängnis finden kann. Leider ist Kippen-Willi viel zu früh an Raucherlunge gestorben. Stattdessen seid ihr jetzt als findige Detektive Knarren-Horst und seinem Räuberschatz auf der Spur. In Kleingruppen müsst ihr Knobelaufgaben lösen. Das letzte Rätsel, das zum Schatz führt, kann nur gemeinsam geknackt werden.

- ▶ **Ein Beobachtungs- und Natur-Ratespiel für Detektive mit Köpfchen!**

Du brauchst …

▶ **für den Spielleiter:** Fotoapparat, Filzstift, 1 Beutel mit Sägemehl (aus einer Schreinerei oder Einstreu für Haustiere), 1 DIN-A4-Bild eines berühmten Detektivs, Schere, Taschenspiegel;

▶ **für die Gruppen:** 1 Briefumschlag für jede Gruppe, Zettel, Stifte;

▶ **für unterwegs:**
  • für den Start: Foto 1 von der Baumrinde an Station 1 mit Räuberbotschaft 1 in ABC-Geheimschrift:

> „svaqr zvg qrz sbgb qra onhz, hagre qrz vpu zrvar refgr anpug vz jnyq ireoenpug uno. "
>
> ABC-Code: Jedem Buchstaben im Alphabet wird ein anderer zugeordnet:
> a = N, b = O, c = P, d = Q, e = R, f = S, g = T, h = U, i = V, j = W, k = X, l = Y, m = Z, n = A, o = B, p = C, q = D, r = E, s = F, t = G, u = H, v = I, w = J, x = K, y = L, z = M.
> Mit diesem Code kann die Räuberbotschaft 1 entschlüsselt werden:
> „FINDE MIT DEM FOTO DEN BAUM, UNTER DEM ICH MEINE ERSTE NACHT IM WALD VERBRACHT HAB."

  • für Station 1: Foto 2 eines Blattes eines auffälligen Busches oder Farns an Station 2 mit Räuberbotschaft 2 in Spiegelschrift:

> „Nach drei Tagen ohne Essen habe ich diese Blätter probiert. Mach das bloß nicht nach!"

- für Station 2: Taschenspiegel, Foto 3 einer Frucht eines Baumes oder Strauches an Station 3 mit Räuberbotschaft als Bilderrätsel:

Lösung: „Diese Dinger pflücke ich, wenn mir langweilig ist."

- Für Station 3: Foto 4 von ungeordneten Kieselsteinen, dazu: 16 möglichst gleich aussehende Kieselsteine, 3 Tiere aus Kunststoff (etwa Elefant, Delfin, Maus), blickdichter Beutel (zum Beispiel Turnbeutel);
▶ **für die Schatzkiste:** wasserdichte Kiste mit Deckel, Geschenke für alle (zum Beispiel kleine Lupen, Notizblöcke, Geheimschriftenstifte);
▶ **für die Party:** Teller, Becher, Servietten, Feuerkorb oder Feuerpfanne für das Lagerfeuer, Holzscheite, Papier, Streichhölzer, angespitzte Haselnusszweige;
▶ **erwachsene Helfer:** 1 Spielleiter, 4 Streckenposten, 1 Räuber

Vorbereitung

▶ Fotoapparat, Kopie einer Wanderkarte und Stift einstecken;

▶ Gelände sichten: Start, Ziel und 4 Stationen festlegen; an den Stationen die 4 Fotos für die Such- und Beobachtungsspiele aufnehmen: Foto 1 (Baumrinde), Foto 2 (Blätter an einem Strauch), Foto 3 (Früchte), Foto 4 (Kieselsteine);

▶ Zahl der Gruppen festlegen, für jede Gruppe jeweils 1 x die 4 verschiedenen Fotos ausdrucken oder im Fachgeschäft abziehen lassen;

▶ Räuberbotschaft 1 (ABC-Geheimschrift) auf ein Blatt Papier schreiben, für jede Gruppe kopieren;

▶ Briefumschläge packen: jeweils mit Foto 1 und Räuberbotschaft 1, noch nicht zukleben;

▶ Wenn das Schatzversteck feststeht, auf das Detektivbild mit Filzstift Hinweis zum Schatzversteck schreiben, Bild in so viele Puzzleteile zerschneiden, wie es Gruppen gibt, Puzzleteile auf die Briefumschläge verteilen, Briefumschläge zukleben;

▶ ABC-Code (Entschlüsselungs-Code) für Räuberbotschaft 1 auf ein Blatt Papier schreiben;

▸ Räuberbotschaft 2 (in Spiegelschrift) auf ein Blatt Papier schreiben;

▸ Räuberbotschaft 3 (Bilderrätsel) auf ein Blatt Papier schreiben;

▸ Geschenke besorgen, Schatzkiste packen;

▸ am Vortag: Essen vorbereiten;

▸ 1 ½ Stunden vor Beginn:

• Schatz verstecken;

• Sägemehl zwischen den Stationen ausstreuen;

• jedem Streckenposten die entsprechende Räuberbotschaft mit Foto geben; Streckenposten 2 bekommt den Taschenspiegel; dem „Räuber" das Ziel erklären.

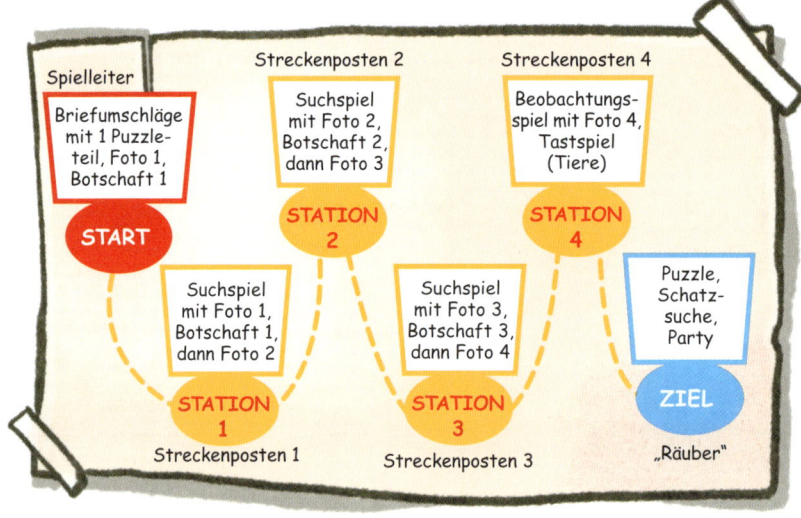

Es geht los!

▸ **Start:** Die Detektiv-Gruppen werden nach und nach losgeschickt (Abstand: 15 Minuten). Jede Gruppe bekommt unmittelbar vorher Zettel, Stift und 1 Briefumschlag. Anweisung des Spielleiters: „Bei Station 1 müsst ihr den Baum mit der bestimmten Rinde auf Foto 1 in eurem Briefumschlag finden. Danach müsst ihr die Botschaft entschlüsseln. Das Puzzleteil bleibt bis zum Schluss im Umschlag und ist top secret (= streng geheim). Zeigt es niemandem! Detektive, folgt der Sägemehlspur!"

- ▶ **Station 1, Baum finden:** Wenn ihr den Baum mithilfe von Foto 1 gefunden habt:
  - Streckenposten 1 zeigt euch den ABC-Code und sagt: „Entschlüsselt Räuberbotschaft 1 aus eurem Briefumschlag!" Wenn ihr die Botschaft entschlüsselt habt:
  - Streckenposten 1 gibt euch Foto 2 (Blatt eines Busches oder Farns) und schickt euch zur nächsten Station.
- ▶ **Station 2, Blätter finden:** Wenn ihr die Blätter mithilfe von Foto 2 gefunden habt:
  - Streckenposten 2 zeigt euch Räuberbotschaft 2. Kriegt ihr heraus, was dort steht? Nach eurer Antwort reicht er euch den Taschenspiegel zur Überprüfung.
  - Streckenposten 2 gibt euch Foto 3 (Frucht eines Baumes oder Strauches) und schickt euch zur nächsten Station.
- ▶ **Station 3, Frucht finden:** Wenn ihr die Frucht mithilfe von Foto 3 gefunden habt:
  - Streckenposten 3 zeigt euch Räuberbotschaft 3. Löst das Bilderrätsel! Nach eurer Antwort verrät er euch die Auflösung.
  - Streckenposten 3 gibt euch Foto 4 (Kieselsteine) und schickt euch zur nächsten Station.

Welcher Schatz wohl in der Kiste steckt?

▶ **Station 4, Spiele:**
- Streckenposten 4 legt Steine zum Quadrat. Je 4 Kieselsteine werden in 4 Reihen untereinandergelegt, ihr dürft das Quadrat 1 Minute lang anschauen. Dann müsst ihr euch umdrehen und der Streckenposten vertauscht 2 Steine. Welche sind es?
- Tast-Spiel: Erfühlt 3 Tiere aus Holz oder Kunststoff im Beutel. Welche sind es?
- Folgt der Sägemehl-Spur.

▶ **Ziel erreicht!** Knarren-Horst (= der erwachsene „Räuber") empfängt euch. Erst wenn alle Gruppen mit ihren Puzzleteilen angekommen sind, kann das letzte Rätsel gemeinsam gelöst werden: Das zusammengesetzte Puzzle gibt den entscheidenden Hinweis auf das Schatzversteck. Alle suchen gemeinsam, du öffnest den Schatz.

Die Party

- ▶ **Stockbrot** (aus 500 ml warmem Wasser, 1 Würfel Frischhefe, 1 TL Zucker, 1 kg Weizenmehl, 1 gestrichenen EL Salz und 4 EL Olivenöl einen glatten Teig kneten, ihn 45 Minuten lang zugedeckt ruhen lassen, dann zu „Würstchen" rollen und um fingerdicke Haselnusszweige gewickelt über die Glut des Lagerfeuers halten);
- ▶ **Rindfleischsalat** (aus 1 kg gekochtem Rindfleisch, 4 gehackten Zwiebeln, 4 hart gekochten Eiern, klein geschnittenen Gewürzgurken, Salz, Pfeffer, etwas Essig und Öl, 2 Esslöffeln Senf, 200 ml Sahne, etwas Schnittlauch und Petersilie);
- ▶ **Trinken:** Malzbier, Wasser.

Spielst du gern mit Smartphones? Dann findest du bestimmt eine Geocaching-Schatzsuche spannend! Das englische Wort „Geocaching" (sprich: „Geokäsching") meint eine Schatzsuche im Gelände mithilfe von Erd-Koordinaten, den sogenannten Breiten- und Längengraden. Zu jedem beliebigen Ort auf der Erde gehören je ein bestimmter Breitengrad und ein bestimmter Längengrad. Sie bilden ein Kreuz wie auf einer Schatzkarte.

Was sind Breiten- und Längengrade?

Breiten- und Längengrade sind gedachte Linien in der Landschaft. Längengrade verlaufen vom Nordpol zum Südpol. Breitengrade liegen quer zu den Längengraden.

▶ Dein Breitengrad kann zum Beispiel lauten: N 051° 56,492' (sprich: „Nord" für nördliche Breite, „51 Grad, 56 Komma 492 Minuten").
   Bei „0° Breite" liegt der Äquator. Es gibt 180 Breitengrade, 90 nördliche und 90 südliche.

▶ Ein Beispiel für einen Längengrad ist: O 007° 36,874' (sprich: „Ost" für östliche Länge, „7 Grad, 36 Komma 874 Minuten").
   Bei „0° Länge" liegt der Null-Meridian. Es gibt 360 Längengrade, 180 östliche und 180 westliche.

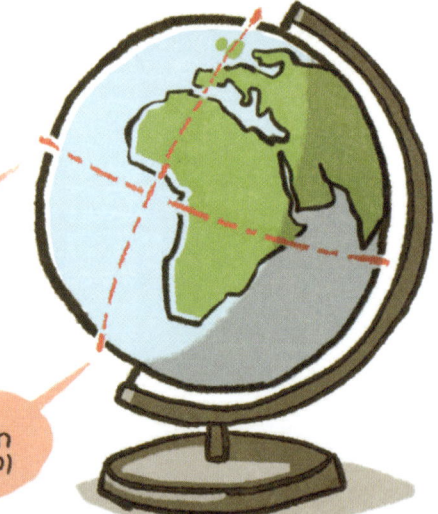

Äquator
(Breitengrad 0)

Nullmeridian
(Längengrad 0)

Schatzkarte im Handgerät

Um die Erde kreisen 24 sogenannte GPS-Satelliten. Diese Satelliten vermessen ständig unseren Planeten. Ihre Messzahlen werden als GPS-Daten zur Erde gefunkt. Mithilfe von GPS-Geräten kann man an jedem beliebigen Ort auf der Erde GPS-Daten empfangen. Das Gerät berechnet dann automatisch den Breiten- und Längengrad dieses Ortes. GPS-Handgeräte gibt es in Outdoor-Läden zu kaufen. Du kannst sie auch ausleihen. Viele Smartphones haben ebenfalls GPS-Empfänger.

Übrigens: GPS (sprich: „Dschie-Pie-Es") bedeutet Globales Positionierungs-System. Es wurde in den USA entwickelt. Auch Navigationsgeräte im Auto empfangen GPS-Daten, sind also GPS-Geräte.

Wer kommt mit?

▶ 6 bis 12 Kinder
▶ 3 gleich starke Gruppen
▶ 3 Erwachsene

Wo findet die Rallye statt?

▶ abwechslungsreiches Wandergebiet
▶ Start: Spielplatz
▶ Weglänge: 4 bis 6 km
▶ Ziel: Picknickplatz

Was wird gemacht?

Die Gruppen ziehen nacheinander mit je 1 GPS-Handgerät los. An jeder Station ist 1 Rätsel zu lösen, das die Koordinaten der folgenden Station preisgibt. Ein Travelbug (sprich: „Träwwelback"), ein Tauschgegenstand, wird von Gruppe zu Gruppe weitergegeben. Ohne ihn kommt ihr nicht an den Schatz!

▶ **Ein Such- und Knobelspiel — nicht nur für Technikfreaks!**

Kompass

Travelbug

Du brauchst...

▶ **für jede Gruppe:** GPS-Handgerät, Wanderkarten-Kopie, Kompass, Blatt mit Koordinaten-Rätseln für jede Station, Briefumschlag, Stift;
▶ **für unterwegs:** 3 Butterbrotdosen mit Spielanleitungen, 1 Schlüsselanhänger mit Schlüssel (= Travelbug), 1 Aufgabenzettel;
▶ **für die Schatzkiste:** wasserdichte Kiste mit Deckel, Fahrradkette mit Schlüssel, kleine Geschenke für alle (zum Beispiel kleine Kompasse, Mini-Erdkugeln, Süßigkeiten);
▶ **für die Party:** Teller, Becher, Servietten
▶ **erwachsene Helfer:** 3 Begleiter (1 pro Gruppe, 1 davon: Spielleiter)

Vorbereitung

▶ GPS-Handgerät, Handy mit Fotofunktion, Wanderkarte, Zettel und Stift einstecken;

▶ Gelände sichten: Startpunkt, Ziel und 3 Stationen festlegen, GPS-Koordinaten für alle 5 Orte messen und notieren, an den Stationen soll jeweils 1 Zahlenrätsel möglich sein (Beispiel: „Zählt alle Latten der Bank und tragt die Anzahl in die Leerstelle der Breitengrad-Koordinate ein!"), Stationen und mögliche Dosenverstecke mit Handy fotografieren, um zu Hause Suchanleitungen zu den Verstecken schreiben zu können;

▶ Wanderkarte 3 x kopieren;

▶ GPS-Koordinaten für Station 1, Koordinatenrätsel für 3 Stationen, Suchanleitungen zu den jeweiligen Dosenverstecken sowie Zielanweisung für Schatzversteck tippen, fertigen Zettel 3 x kopieren, in 3 gleiche Briefumschläge packen;

▶ Spielanweisungen für jede Station tippen, in die Butterbrotdosen packen, Dosen mit „1", „2" und „3" beschriften;

▶ kleine Geschenke besorgen, Schatzkiste packen, mit Fahrradkette verschließen, Travelbug in Butterbrotdose 1 legen mit Aufgabenzettel: „Die Gruppe, die den Travelbug findet, nimmt ihn mitsamt diesem Zettel mit zur nächsten Station und legt ihn dort wieder in die Dose."

▶ Am Vortag: Essen vorbereiten, GPS-Geräte aufladen;

▶ einige Stunden vor Beginn: Schatz am Ziel, Dosen an den Stationen verstecken.

Es geht los!

▸ **Start:** Der Spielleiter erklärt, wie die GPS-Geräte bedient werden, was GPS-Koordinaten sind und was ein Travelbug ist. GPS-Geräte, Karten, Kompasse und Briefe verteilen, die Gruppen geben die 1. Koordinaten in ihre GPS-Geräte ein und laufen nacheinander los (Abstand: 15 Minuten).

▸ **Station 1:**
  • Koordinaten-Rätsel 1 (im Briefumschlag) lösen.
  • Dose 1 mit Spielanweisung 1 suchen → Spiel: Schere, Stein, Papier — jeder spielt in jeweils 3 Durchgängen gegen jeden. Wer am häufigsten gewinnt, darf die neuen Koordinaten eingeben.
  • Gruppe 1 findet Travelbug in Dose 1.

▸ **Station 2:**
  • Koordinaten-Rätsel 2 (im Briefumschlag) lösen.
  • Dose 2 mit Spielanweisung 2 suchen → Spiel: Weitsprung von einer Absprunglinie. Der Sieger darf die neuen Koordinaten eingeben.
  • Gruppe 1 legt Travelbug in Dose 2 für Gruppe 2.

▶ **Station 3:**
- Koordinaten-Rätsel 3 (im Briefumschlag) lösen.
- Dose 3 mit Spielanweisung 3 suchen → Spiel: Rücken an Rücken — wer nacheinander die meisten Mitspieler aus einem markierten Kreis drückt, darf die neuen Koordinaten eingeben.
- Gruppe 2 legt Travelbug in Dose 3 für Gruppe 3.

▶ **Ziel erreicht!** Sobald die 3. Gruppe mit dem Travelbug eintrifft, darf der Schatz geöffnet werden.

Immer lustig:
Rücken an Rücken

Die Party

▶ **Essen:** „Astronauten-Mahlzeit" für GPS-Experten: Salzkekse, Baguette und verschiedene Dips (zum Beispiel Kräuterquark oder Avocadomus), bunte Schokolinsen.
▶ **Trinken:** Saft, Wasser.

ISBN 978-3-649-62172-0

ISBN 978-3-649-62174-4

ISBN 978-3-649-61646-7

ISBN 978-3-649-61915-4

Überall im Handel erhältlich und
unter www.coppenrath.de!

ISBN 978-3-649-61574-3

ISBN 978-3-649-66805-3

ISBN 978-3-649-66833-6

ISBN 978-3-649-62146-1

ISBN 978-3-649-62072-3

ISBN 978-3-649-66883-1

ISBN 978-3-649-61932-1

ISBN 978-3-649-61933-8